Département des Côtes-du-Nord.

RÈGLEMENT

ET

TARIF DE L'OCTROI

DE LA

COMMUNE DE SAINT-BRIEUC

1915

SAINT-BRIEUC
IMPRIMERIE FRANCISQUE GUYON, LIBRAIRE-ÉDITEUR
Rues St-Gilles et de la Préfecture.

1915

—·ô·—

RÈGLEMENT

ET

TARIF DE L'OCTROI

DE LA

COMMUNE DE SAINT-BRIEUC

——————

1915

——————

SAINT-BRIEUC

IMPRIMERIE FRANCISQUE GUYON, LIBRAIRE-ÉDITEUR

Rues St-Gilles et de la Préfecture.

—

1915

RÉPUBLIQUE FRANÇAISE

VILLE DE SAINT-BRIEUC

ARRÊTÉ

Le Maire de la ville de Saint-Brieuc, chevalier de la Légion d'honneur,

Vu la loi du 5 avril 1884, notamment les art. 92, 94, 95 et 96 ;

Vu les délibérations du Conseil municipal des 26 juin et 3 juillet 1914 ;

Vu les décrets du Président de la République en date des 20 et 27 décembre 1914 ;

ARRÊTE :

ART. 1er. — Les nouveaux règlement et tarif de l'Octroi d la ville de Saint-Brieuc seront appliqués à partir du 1er janvier 1915.

ART. 2. — M. le Préposé en chef de l'Octroi est chargé d'assurer l'exécution du présent arrêté.

En l'Hôtel de Ville à Saint-Brieuc, le 30 décembre 1914.

Le Maire, Signé : H. SERVAIN.

Pour copie conforme :

Saint-Brieuc, le 31 décembre 1914.

Le Maire, H. SERVAIN.

DÉPARTEMENT
des Côtes-du-Nord

ARRONDISSEMENT
DE SAINT-BRIEUC

COMMUNE
DE SAINT-BRIEUC

Habitants
Popul. { totale. ... 23.945
{ agglomérée 15.939.
Id. soumise à l'octroi 20.553

RÈGLEMENT ET TARIF
APPROUVÉS
par décrets des 20 et 27
décembre 1914 annexés
au présent règlement.

Règlement de l'Octroi

DE LA COMMUNE

DE SAINT-BRIEUC

CHAPITRE Ier

§ Ier. — De la perception.

ARTICLE PREMIER

L'Octroi municipal et de bienfaisance établi dans la commune de Saint-Brieuc, département des Côtes-du-Nord, sera perçu conformément au Tarif ci-annexé, et d'après les dispositions du présent Règlement.

La Perception se fera sur tous les objets compris au Tarif et sur tous les consommateurs, sans aucune exception.

La surveillance immédiate de l'Octroi appartient au Maire, sous l'autorité de l'Administration supérieure.

La surveillance générale sera exercée par la Régie des Contributions indirectes.

ART. 2.

Le rayon de l'Octroi comprendra : la ville et ses faubourgs suivant la délimitation ci-après indiquée au moyen de bornes ou poteaux portant l'inscription suivante : *« Octroi de Saint-Brieuc. »*

Ces bornes seront placées, savoir :

La 1ʳᵉ à Gouédic, à 100 mètres en avant de la dernière maison actuelle de la route de Lamballe ;

La 2ᵉ sur la vieille route de Moncontour, dite route de Trégueux, à l'entrée du chemin des carrières, au-delà de la voie ferrée ;

La 3ᵉ au Pont de Brézillet, sur le chemin de petite communication N° 7 ;

La 4ᵉ au Pont Chapet, sur le chemin de petite communication N° 8 ;

La 5ᵉ sur la route de Quintin, au croisement du chemin conduisant de Robien au pont du Carpont ;

La 6ᵉ sur la route de Ploufragan au Carpont (limite de la commune) ;

La 7ᵉ au passage à niveau de la Ville-Berno ;

La 8ᵉ à l'intersection de la rue Bagot et du chemin de la Ville-Hellio ;

La 9ᵉ au nouveau cimetière, à l'angle du chemin de petite communication N° 10 et de la rue Pinot-Duclos ;

La 10ᵉ sur la rue Pinot-Duclos, à 300 mètres de l'entrée de ce chemin, près l'Ecole Normale des garçons ;

La 11ᵉ sur la route de Brest, à l'entrée du petit chemin conduisant à la croix du Vau-Meno ;

La 12ᵉ sur le chemin du Vau-Meno, à l'entrée du petit chemin conduisant de la croix à la rue Paul-Féval ;

La 13ᵉ sur la route de Binic, au Pont de Gouët (limite de la commune) ;

La 14ᵉ au pont du Légué ;

La 15ᵉ au bas du chemin de Rohannech ;

La 16ᵉ aux Villes-Dorées, à l'intersection de la vieille route de Cesson et du chemin de la Pironnière.

En partant de la 1ʳᵉ borne placée sur la route de Gouédic, la limite traverse à angle droit les terrains situés entre cette

route et la rue Paul-Bert qu'elle suit, passe ensuite sous la
voie ferrée et s'engage sur la route de Trégueux qu'elle
quitte à nouveau à l'entrée du chemin des carrières. Elle
longe ce chemin en englobant la Côte-aux-Maries et le
Moulin-au-Chaix, la Maison-Neuve et suit ensuite le ruisseau de Gouédic jusqu'aux Pont de Brézillet et Pont Chapet pour longer le petit chemin conduisant à la ferme de
Robien jusqu'à la route de Quintin. De là, elle suit le
chemin conduisant au Carpont qu'elle remonte jusqu'au
Pré-Chesnay ; ensuite elle longe le chemin des Régats
jusqu'au pont du chemin de fer de l'Etat. De ce pont, elle
se rend, après avoir englobé toutes les maisons situées à
la Croix-Mathias, au passage à niveau de la Ville-Berno et,
ensuite, en ligne directe, à la borne située au coin de
l'avenue de la Ville-Hellio et de la rue Bagot. De ce point,
elle se rend directement au nouveau cimetière et remonte
ensuite la rue Pinot-Duclos jusqu'à la borne située sur
cette rue qu'elle quitte pour rejoindre la route nationale
en passant derrière l'Ecole Normale jusqu'à la borne placée à l'entrée du chemin conduisant à la croix du Vau-
Meno, chemin qu'elle emprunte jusqu'au ruisseau qu'elle
longe ensuite jusqu'à la rivière du Gouët et de là au pont
de Gouët, sur la route de Binic. De ce point, elle se con-
tinue jusqu'au pont du Légué. De ce pont, la ligne de
démarcation est constituée par le chemin situé en arrière
des usines Sébert et longeant la propriété de Rohannech
jusqu'au ruisseau de Gouédic qu'elle remonte jusqu'en
face du sentier qui se rend au carrefour du chemin de la
Pironnière et de celui des carrières qu'elle longe ensuite
(en englobant les carrières ainsi que le Tertre-aux-Lièvres)
jusqu'à la vieille route dite de Cesson qu'elle suit jusqu'aux
Villes-Dorées pour finir à la borne située sur la route de
Gouédic.

En ce qui concerne les voies, chemins ou cours d'eau dont le périmètre emprunte le tracé, la limite sera déterminée par l'axe desdites voies, chemins ou cours d'eau.

Art. 3.

Les déclarations et la recette des droits se feront aux bureaux ci-après désignés, savoir :

Le 1er à Gouédic ;

Le 2e à la Croix-Péron ;

Le 3e au Pré-Potier ;

Le 4e à la Corderie ;

Le 5e au Pont de Gouët ;

Le 6e au Port-Favigo ;

Le 7e au Carpont ;

Le 8e à l'Abattoir ;

Le 9e à la Gare, à l'entrée de la Petite Vitesse, boulevard Carnot ;

Le 10° à Robien, sur la route de Quintin.

Elles se feront en outre aux bureaux-auxiliaires ci-après désignés :

Le 11e à la Gare de l'Etat (cour de la Grande Vitesse) ;

Le 12e à la Gare des chemins de fer départementaux ;

Le 13e à Souzain, à l'intersection du boulevard des chemins de fer départementaux et de la route neuve du Légué.

Ces bureaux seront indiqués par un tableau portant ces mots : « *Bureau de l'Octroi.* » Ils seront ouverts tous les jours.

Pendant les mois de janvier, février, novembre et décembre, depuis 6 heures du matin jusqu'à 9 heures du soir ;

Pendant les mois de mars, avril, septembre et octobre, depuis 5 heures du matin jusqu'à 10 heures du soir ;

Pendant les mois de mai, juin, juillet et août, depuis 4 heures du matin jusqu'à 10 heures du soir.

Ces dispositions ne sont pas applicables aux objets soumis aux droits du Trésor, dont la perception se fera, savoir :

Pendant janvier, février, novembre et décembre, de 6 heures du matin à 6 heures du soir ;

Pendant mars, avril, septembre et octobre, de 6 heures du matin à 7 heures du soir ;

Pendant mai, juin, juillet et août, de 5 heures du matin à 8 heures du soir.

En dehors des heures ci-dessus fixées, aucun objet soumis aux droits d'octroi ne pourra être introduit, sauf les entrées par la gare des voyageurs.

Les présents tarif et règlement seront affichés dans l'intérieur et à l'extérieur desdits bureaux.

§ II. – Perception sur les Objets venant de l'extérieur.

ART. 4.

Tout porteur ou conducteur d'objets assujettis aux droits d'octroi sera tenu, avant de les introduire, d'en faire la déclaration au bureau ; de produire les congés, acquits-à-caution, passavants, ainsi que les lettres de voitures, connaissements, chartes parties ou toutes les expéditions qui les accompagnent, et d'acquitter les droits si les objets sont destinés à la consommation du lieu, sous peine de confiscation desdits objets et d'une amende de 100 à 200 francs.

Toute déclaration devra indiquer la nature, la quantité, le poids et le nombre des objets introduits.

Art. 5.

Après la déclaration, les Préposés pourront faire toutes les recherches, visites et vérifications nécessaires pour en constater l'exactitude. Les conducteurs seront tenus de souffrir et même de faciliter toutes les opérations relatives auxdites vérifications.

Tout objet soumis à l'Octroi qui, nonobstant l'interpellation faite par les Préposés, serait introduit sans avoir été déclaré, ou sur une déclaration fausse, sera saisi ; les voitures, chevaux et autres moyens de transport seront également saisis, à défaut par les contrevenants de consigner le maximum de l'amende prononcée par l'article précédent, ou de fournir caution valable.

Art. 6.

Il est défendu aux Employés, sous peine de destitution et de tous dommages-intérêts, de faire usage de la sonde dans la visite des malles, caisses et ballots annoncés contenir des étoffes, linges et autres objets susceptibles d'être endommagés.

Dans ce cas, comme dans tous ceux où le contenu des caisses et ballots serait inconnu et ne pourrait être vérifié immédiatement, la vérification en sera faite dans les emplacements à ce destinés et déterminés par l'autorité locale.

Art. 7.

L'introduction ou la tentative d'introduction, dans le rayon de l'Octroi, d'objets soumis aux droits, à l'aide d'ustensiles préparés ou de moyens disposés pour la fraude, donnera lieu à l'arrestation du porteur ou conducteur desdits objets ; cette arrestation pourra être opérée par les Préposés de l'Octroi.

Art. 8.

Lorsque, en **vertu** de l'article précédent, les Préposés auront arrêté et **constitué** prisonnier un fraudeur, ils seront tenus de le conduire sur-le-champ devant un Officier de police judiciaire, ou de le remettre à la force armée, qui le conduira devant le juge compétent, lequel statuera de suite, par décision motivée, sur l'emprisonnement ou la liberté du prévenu.

Néanmoins, celui-ci sera immédiatement mis en liberté, s'il offre bonne et suffisante caution de se présenter en justice et d'acquitter l'amende encourue, ou s'il consigne ladite amende.

Art. 9.

Les objets compris au Tarif, dont l'introduction aura lieu par terre, ne pourront entrer dans les limites de l'Octroi que par les routes ou chemins conduisant directement à un bureau d'octroi.

Des inscriptions placées sur des poteaux désignent les chemins et sentiers interdits.

Toute introduction d'objets soumis aux droits qui aura lieu par d'autres points que ceux indiqués à l'article 3 du présent règlement, sera considérée comme frauduleuse et punie comme telle.

§ III. — Perception sur les Objets de l'intérieur.

Art. 10.

Toute personne qui récolte, prépare ou fabrique, dans l'intérieur du rayon de l'Octroi, des objets compris au

Tarif, est tenue, sous peine de la confiscation des objets récoltés, préparés ou fabriqués, et d'une amende de 100 à 200 francs, d'en faire la déclaration et, si elle ne réclame pas la faculté de l'entrepôt, d'acquitter immédiatement le droit.

Les Préposés de l'Octroi reconnaîtront à domicile les quantités récoltées, préparées ou fabriquées, et feront toutes les vérifications nécessaires pour prévenir la fraude.

ART. 11.

Les animaux destinés à être abattus seront, s'il y a lieu, marqués au feu au moment de leur introduction. Ceux qu'on introduira morts, ou qu'on abattra dans l'intérieur des limites, seront marqués au noir sur les extrémités des quartiers. On ne pourra, dans l'un et l'autre cas, se servir d'autres marques que celles déterminées par le Maire.

ART. 12.

Les habitants domiciliés au-delà des Bureaux et dans les limites de l'Octroi, ne pourront faire entrer chez eux aucun objet soumis au tarif, avant d'en avoir fait la déclaration au Bureau le plus voisin, et d'en avoir acquitté ou soumissionné le droit.

CHAPITRE II

§ Ier. — Passe-debout. Transit et Entrepôt des Objets soumis aux droits du Trésor.

ART. 13.

Les formalités du passe-debout des boissons seront les mêmes, pour l'Octroi, que celles qui sont observées par la

Régie des Contributions indirectes ; il en sera de même en ce qui concerne le transit des boissons.

L'entrepôt des boissons aura lieu, pour l'Octroi, d'après les mêmes formalités, conditions, et pour les mêmes quantités que celles qui sont fixées à l'égard des droits du Trésor.

Les exercices chez les entrepositaires seront faits par les Employés des Contributions indirectes, en conformité de l'art. 91 de l'Ordonnance du 9 décembre 1814.

§ II. — **Du Passe-debout des Objets non sujets aux droits du Trésor**.

Art. 14.

Le conducteur d'objets soumis à l'octroi, qui voudra traverser seulement la commune, ou y séjourner moins de vingt-quatre heures, sera tenu de se munir d'un passe-debout.

Art. 15.

Pour jouir de l'exemption résultant du passe-debout, les propriétaires, conducteurs ou porteurs d'objets portés au Tarif seront tenus de faire les déclarations prescrites par l'article 4 et d'indiquer, en outre, le lieu de départ et celui de la destination.

Art. 16.

Les droits seront consignés ou cautionnés. Ces droits seront rendus ou la caution déchargée lorsqu'il aura été justifié de la sortie des objets. Lorsqu'il sera possible de faire escorter les chargements, le conducteur pourra être dispensé de consigner ou de cautionner les droits, mais il devra acquitter les frais d'escorte qui sont réglés à 25 centimes.

Art. 17.

Toute substitution et toute altération faite dans la nature ou l'espèce des objets en passe-debout ou en transit, pendant la durée du séjour, fera encourir au contrevenant une amende de 100 à 200 francs, et entraînera, en outre, la confiscation des objets représentés et le payement d'une somme égale à la différence de leur valeur avec celle des objets reconnus à l'entrée, laquelle sera déterminée d'après le prix moyen dans le lieu sujet.

Art. 18.

Les caisses et ballots accompagnés d'acquits-à-caution, et portant les plombs et marques des Contributions indirectes ou des Douanes, sont affranchis des visites et vérifications, si les plombs et marques sont reconnus sains et entiers, et dans le cas seulement où les objets resteront sous la surveillance des Employés.

Art. 19.

Dans le cas où, par force majeure ou par accident reconnu par les autorités locales, un conducteur sera retenu dans le rayon de l'Octroi au-delà du délai fixé, le passe-debout sera, sur sa déclaration, converti en transit, et les objets seront mis sous la surveillance des Préposés de l'Octroi jusqu'à leur sortie. Les frais de loyer ou de garde, s'il y en a, seront à la charge des déclarants.

Art. 20.

En cas de changement de moyens de transports ayant pour effet de rendre plus difficile la vérification à la sortie des objets introduits sur passe-debout, les Employés devront être appelés.

§ III. — Du Transit des Objets non soumis aux droits du Trésor.

Art. 21.

Les déclarations et formalités prescrites pour les objets en passe-debout (excepté en ce qui concerne l'escorte) auront également lieu pour le transit. Les droits seront consignés ou cautionnés. Les objets admis en transit resteront sous la surveillance des Préposés jusqu'au moment du départ.

Art. 22.

La durée du transit est fixée à trois jours. Nulle prolongation au-delà de ce terme ne peut avoir lieu que sur l'autorisation du Maire, d'après l'avis du Préposé principal de l'Octroi, et dans le cas d'une nécessité dûment constatée.

Art. 23.

Les droits seront restitués ou la caution déchargée au moment de la sortie. S'il n'était représenté qu'une portion des objets introduits, les droits seraient acquis sur la portion non représentée, à moins toutefois que la vente n'en eût été faite à un entrepositaire et les objets pris en charge à son compte.

Art. 24.

Les objets amenés aux foires et marchés sont assujettis à toutes les formalités du transit.

Vingt-quatre heures après le délai fixé par l'art. 22 ou après l'expiration des foires et marchés, les droits consignés seront définitivement acquis à l'Octroi, s'il n'a pas été justifié de la sortic des objets.

Toutefois, ne seront pas soumis à la consignation ou cautionnement des droits, les bestiaux amenés pour les foires et les bêtes à corne employées comme attelage ; ils seront simplement soumis à la déclaration.

Art. 25.

Les droits à consigner pour les bestiaux introduits sur passe-debout dans le rayon de l'Octroi, ou ceux à acquitter par les entrepositaires en cas de manquants constatés à leur charge, sont fixés ainsi qu'il suit :

Bœufs et taureaux, par tête...	10 fr.	»
Vaches et génisses, par tête...	6	»
Veaux, par tête...	2	»
Moutons et brebis, par tête...	1	50
Chèvres, par tête...	1	»
Agneaux et chevreaux, par tête...	1	»
Porcs et sangliers, par tête...	3	»

Art. 26.

Les voitures et transports militaires chargés d'objets assujettis aux droits sont soumis aux règles ci-dessus prescrites pour le transit et le passe-debout (*article 40 de l'Or-*

donnance du 9 décembre 1814). Toutefois, dans le cas où
l'emploi de ces formalités pourrait apporter un retard nui-
sible, les Préposés se borneront à surveiller ou à escorter
le convoi.

ART. 27.

Les diligences, fourgons, fiacres, cabriolets et autres
voitures de louage sont soumis aux visites des Préposés
de l'Octroi.

Il en est de même des voitures particulières suspendues
ou non suspendues.

Le refus de souffrir la visite, ou d'arrêter pour la subir,
sera réputé opposition à l'exercice des Employés.

ART. 28.

Les chargements qui ne pourront être vérifiés à l'entrée
de la ville, le seront au domicile des destinataires, au choix
des Employés qui les escorteront au lieu du déchargement
et opèreront la vérification sans désemparer.

ART. 29.

Les individus voyageant à pied ou à cheval ne pourront
être arrêtés, questionnés ou visités sur leur personne, ni
à raison de leurs effets.

Tout acte contraire à la présente disposition sera réputé
acte de violence, et les Préposés qui s'en rendront cou-
pables seront poursuivis correctionnellement et punis des
peines prononcées par les lois. Tout individu soupçonné
de faire la fraude en faveur de cette exception pourra être
conduit devant un Officier de police ou devant le Maire,

pour y être interrogé et la visite de ses effets autorisée, s'il y a lieu.

La défense faite aux Préposés d'Octroi d'arrêter les voyageurs à pied ou à cheval ne s'applique pas au cas où les objets tarifés sont en évidence, ni à celui où ces voyageurs seraient porteurs de hottes, paniers, sacs et autres moyens de transport.

Art. 3o.

Les courriers ne pourront être arrêtés à leur passage, sous prétexte de la perception ; mais ils seront tenus d'acquitter les droits sur les objets soumis à l'octroi qu'ils introduiraient pour être consommés dans la localité : à cet effet, les Préposés de l'Octroi seront autorisés à assister au déchargement des malles.

§ IV. — Des Bestiaux entretenus dans le rayon de l'Octroi.

Art. 3i.

Les propriétaires de bestiaux entretenus dans le rayon de l'Octroi devront faire leur déclaration au bureau. Il leur sera délivré un permis de circulation indicatif du nombre, de l'espèce et du lieu de passage affecté à la sortie et à la rentrée de ces animaux. Ceux qui seraient introduits au-delà du nombre fixé par le permis, et sans déclaration préalable, seront saisis.

Art. 3a.

Les propriétaires des bestiaux dont il s'agit souffriront les visites et exercices des Préposés de l'Octroi dans leurs

étables et bergeries. Il sera fait inventaire de leurs bestiaux, lequel sera suivi de recensements aux époques déterminées par le Maire.

Art. 33.

Ils sont aussi tenus de déclarer d'avance le nombre et
l'espèce des animaux qu'ils livreront aux bouchers et
charcutiers, ceux qu'ils feront venir du dehors pour les
remplacer, et ceux qu'ils abattront pour leur consommation personnelle.

Ils déclareront également toute diminution ou augmen-
tation dans le nombre de leurs bestiaux, et pour quelque
cause que ce soit.

Art. 34.

Les bestiaux morts naturellement, ou exportés hors de
la commune, ne sont passibles d'aucun droit. Il sera fait
déclaration des premiers dans le jour de la mort, et des
seconds prélablement à leur exportation. Ces déclarations
seront vérifiées par les Préposés. A l'époque des recensements, les propriétaires sont tenus d'acquitter les droits
pour les bestiaux reconnus manquant à leur charge.

§ V. — Entrepôt à domicile des objets non soumis aux droits du Trésor.

Art. 35.

Les propriétaires et commerçants sont, en justifiant de
leur qualité, admis à recevoir chez eux et dans leurs ma-

gasins, à titre d'entrepôt et sans acquittement préalable des droits, les marchandises soumises à l'Octroi.

Les admissions à la qualité d'entrepositaire seront prononcées par le Maire. Toutes les contestations qui s'élèveraient relativement à l'admission au bénéfice de l'entrepôt seront portées devant le Maire, qui prononcera, sauf recours au Préfet. Tout entrepositaire est tenu de présenter une caution solvable s'engageant, solidairement avec lui, au paiement des droits sur les objets qu'il ne justifierait pas avoir fait sortir du lieu sujet ou à défaut, au versement d'un cautionnement dont le montant est déterminé par le Maire. La déclaration de cautionnement s'applique à une période complète annuelle du 1er janvier au 31 décembre de chaque année.

ART. 36.

En ce qui concerne les objets ci-après désignés (1), les quantités au-dessous desquelles la faculté de l'entrepôt à domicile ne pourra être accordée, et le certificat de sortie délivré, sont fixés ainsi qu'il suit, SAVOIR :

Les bestiaux seront admis en toutes quantités.

---

(1) Aux termes de l'article 41 de l'ordonnance du 9 décembre 1814, les règlements doivent déterminer les objets pour lesquels l'entrepôt est accordé. D'un autre côté, il est du principe constitutif de l'Octroi que les droits ne peuvent peser que sur les objets destinés à la consommation lo ale (*articles 41 de l'ordonnance et 148 de la loi du 28 avril 1816*). En conséquence, les Conseils municipaux doivent comprendre dans le présent acticle tous les objets du Tarif qui, dans la localité, peuvent donner lieu à réclamer la franchise des droits pour cause de réexportation.

DÉSIGNATION DES OBJETS ADMIS A L'ENTRÉE	MINIMA A L'ENTRÉE	MINIMA LA SORTIE
Beurre.....................	100 kil.	10 kil.
Fruits confits, etc.....	100 —	10 —
Orange, citrons, limons.	500 —	20 —
Foin, paille..........	10.000 —	500 —
Bois à brûler........	50 stères.	1 stère.
Charbon de terre.....	5.000 kil.	200 kil.
Charbon de bois..	2.000 —	50 —
Bougies	100 —	5 —
Cierges.......	100 —	10 —
Chandelles...........	200 —	12 kil. 500
Essences et vernis.....	100 —	10 —
Huiles minérales......	500 —	35 —
Bois d'œuvre.........	en toutes quantités	en toutes quantités
Chaux	50 hectol.	1 hectol.
Plâtres	5.000 kil.	50 kil.
Ciments..............	5 000 —	50 —
Ardoises	25.000 —	1 000 —
Lattes	25.000 —	1 000 —
Tuiles, carreaux........	10.000 —	500 —
Briques	10.000 —	500 —
Pierres de taille.......	10 mèt. cubes.	1 mèt. cube.
Tuffeaux.............	10 mèt. cubes.	1 mèt. cube.
Marbres........	5 mèt. cubes.	1/2 m. cube.
Fers, aciers, fontes ...	10.000 kil.	100 kil.
Verres à vitre.	500 kil.	50 —
Glaces destinées à la construction immobilière....	1.000 kil.	100 —
Peintures et couleurs .	100 —	20 —
Conserves autres que celles au vinaigre.. .	50 —	10 —
Savons de parfumerie..	100 —	5 —
Ardoises en fibro-ciment	100 mèt. carrés.	10 mèt. carrés.

Les introductions subséquentes pourront avoir lieu en toutes quantités.

Art. 37.

Les combustibles et les matières premières à employer dans les établissements industriels et dans les manufactures de l'Etat sont admis à l'entrepôt à domicile.

Toutefois, l'entrepôt ne sera pas accordé pour les matières premières dans le cas où la somme à percevoir à raison des quantités pour lesquelles elles entrent dans un produit industriel n'atteindrait pas $1/4$ % de la valeur de ce produit (1).

Pour jouir de l'entrepôt à domicile relativement aux combustibles employés dans les établissements industriels à la préparation des produits destinés au commerce général, le soumissionnaire devra faire entrer une première fois cinq mille kilogrammes au moins.

Les arrivages subséquents pourront avoir lieu en toute quantité.

Décharge sera accordée aux entrepositaires pour toutes les quantités de combustibles et de matières premières employés dans ces établissements à la préparation ou à la fabrication de produits qui ne sont frappés d'aucun droit par le tarif de l'Octroi du lieu sujet, pourvu que l'emploi ait été préalablement déclaré et qu'il en ait été justifié aux Préposés de l'Octroi chargés de l'exercice des entrepôts ; à défaut de quoi le droit sera perçu sur les quantités manquantes.

Si 'le produit industriel à la préparation ou à la fabrication duquel sont employés les combustibles ou les matières premières est imposé au Tarif de l'Octroi, l'entrepositaire n'en obtiendra pas moins l'affranchissement pour le combustible et la matière première employés à la fabri-

---

(1) Soit 25 centimes par 100 francs.

cation, mais il paiera le droit dû par les produits industriels pour ceux de ces produits qu'il ne justifiera pas avoir
fait sortir du lieu sujet.

Décharge sera également accordée, dans les conditions
spécifiées aux paragraphes précédents, aux combustibles
employés dans l'exploitation des mines à la production de
la force motrice, ainsi qu'aux bois, fers et matériaux de
toute sorte servant au revêtement ou au soutènement des
puits et galeries, pourvu toutefois que la somme à percevoir, à raison des quantités pour lesquelles ces matériaux
concourront à l'exploitation, atteigne un quart pour cent
de la valeur du produit extrait (1).

Art. 38.

Lorsque les droits d'Octroi auraient été acquittés à l'entrée pour des combustibles ou des matières premières, qui
dans l'intérieur du lieu sujet, seront employés à la préparation ou à la fabrication d'un produit industriel livré à la
consommation intérieure et imposable, s'il est réguliè-
rement justifié de ce payement, le montant desdits droits
sera précompté sur celui des droits dûs pour le produit
fabriqué.

Toutefois, il n'y aura jamais lieu à remboursement
d'aucune portion des droits payés à l'entrée, dans le cas où
ils se trouveraient excéder ceux qui sont dus pour le produit fabriqué lui-même.

Art. 39.

Ne seront soumis à aucun droit d'Octroi les approvisionnements en vivres destinés au service de l'armée de

---

(1) Soit 25 centimes par 100 francs.

terre, ainsi que de la marine militaire ou marchande, et qui ne doivent pas être consommés dans le lieu sujet : les bois, fers, graisses, huiles, et généralement toutes les matières employées pour la confection ou l'entretien du matériel de l'armée de terre, dans les constructions navales et pour la fabrication d'objets servant à la navigation, les combustibles et toutes autres matières embarquées sur les bâtiments de l'Etat et du commerce pour être consommées ou employées en mer.

Ces approvisionnements et matières seront introduits dans les magasins de la guerre, de la marine de l'Etat et de la marine marchande, de la manière prescrite pour les objets en entrepôt.

Le compte en sera suivi par les Employés et Préposés désignés à cet effet, et les droits d'Octroi ne seront dus que sur les quantités enlevées pour l'intérieur du lieu sujet et pour toute autre destination que celle qui est spécifiée ci-dessus.

Art. 40.

Les charbons de terre, le coke et tous autres combustibles employés tant par l'administration de la guerre, pour la fabrication ou l'entretien du matériel de guerre et pour la confection d'objets destinés à être consommés hors du lieu sujet, que par la marine de l'Etat et par la marine marchande pour la confection d'objets destinés à la navigation, seront, comme ceux qui sont employés dans les établissements industriels pour la préparation ou la fabrication d'objets destinés au commerce général, affranchis, au moyen de l'entrepôt, du payement de tous droits d'Octroi.

Art. 41

Les combustibles et matières destinés au service de l'exploitation des chemins de fer, aux travaux des ateliers et à la construction de la voie seront affranchis de tous droits d'Octroi.

En conséquence, les dispositions relatives à l'entrepôt à domicile des combustibles et matières premières employés dans les établissements industriels à la préparation et à la fabrication des objets destinés au commerce général sont applicables aux fers, bois, charbons, coke, graisses, huiles, et, en général, à tous les matériaux employés dans les conditions ci-dessus indiquées.

En dehors de ces conditions, tous les objets portés au tarif qui seront consommés dans les gares, salles d'attente et bureaux seront soumis aux taxes locales.

Les dispositions qui précèdent sont applicables à la construction et à l'exploitation des lignes télégraphiques.

Art. 42.

L'abonnement annuel pourra être demandé, pour les combustibles et matières admises à l'entrepôt, aux termes des articles 37, 39, 40 et 41.

Les conditions de l'abonnement seront réglées de gré à gré entre le Maire et le redevable.

Art. 43.

Les entrepositaires seront tenus de fournir aux Employés de l'Octroi et de mettre à leur disposition les hommes et

---

(1) Les articles à viser sont ceux qui précèdent immédiatement et qui reproduisent les articles 8, 11, 12 ef 13 du décret du 12 février 1870.

les ustensiles nécessaires pour faciliter la reconnaissnce
et le pesage, mesurage ou jaugeage des quantités restant
en entrepôt, afin que ces Préposés puissent établir le
compte des droits dus sur les manquants reconnus et dont
la sortie ou l'emploi n'aurait pas été justifié.

Art. 44.

Si les entrepositaires refusaient de se conformer aux
obligations qui leur sont imposées par l'article précédent,
il serait procédé d'office, à leurs frais, aux vérifications
dont il s'agit, et, outre la saisie et l'amende encourues pour
le cas de fraude dûment constaté, ils seraient passibles des
peines prévues par l'art. 67 du présent Règlement pour le
fait d'empêchement aux exercices.

Art. 45.

Indépendamment des obligations ci-dessus mentionnées
et des autres conditions qui leur sont imposées, les dits
entrepositaires seront tenus de diviser leurs magasins en
cases régulières, d'un cubage facile et d'une contenance
déterminée.

Art. 46.

Les conditions pour l'entrepôt sont : de faire une déclaration par écrit, au bureau de l'Octroi, avant l'entrée des
objets entreposés, pour ceux venant de l'extérieur, et avant
le commencement de la récolte, de chaque préparation ou
fabrication, pour les objets produits à l'intérieur du rayon
de l'Octroi ; de permettre les visites et exercices des Préposés ; de leur ouvrir à toute réquisition, les caves, magasins et autres lieux de dépôt ; et de faire, de la manière et

dans les formes voulues par le présent Règlement, les déclarations d'expédition pour le dehors et pour l'intérieur.

Les industriels qui profitent de la faculté d'entrepôt pour les combustibles et les matières premières en vertu de l'art. 37 du Règlement devront, s'ils n'ont pas obtenu l'abonnement, faire la déclaration des quantités de combustibles ou de matières premières qu'ils sont dans l'intention d'employer à cet usage.

Art. 47.

Les détaillants ne sont pas admis à l'entrepôt à domicile ; toutefois, les marchands en gros ou demi-gros pourront jouir de cette faculté alors même qu'ils feraient dans les mêmes magasins des ventes au détail (1).

Art. 48.

Toute expédition d'objets entreposés ne pourra avoir lieu qu'aux heures indiquées par l'article 3 du présent Règlement et devra, avant l'enlèvement desdits objets, être déclarée au bureau de l'Octroi. Les droits seront acquittés sur le champ pour les objets destinés à la consommation locale. Quant aux objets expédiés pour l'extérieur, ils seront représentés aux Préposés de l'Octroi, lesquels, après vérification des quantités et espèces, délivreront un certificat de sortie.

Art. 49.

Les Préposés de l'Octroi tiennent un compte d'entrée et de sortie des marchandises entreposées : à cet effet ils

(1) Dans le cas où les municipalités voudraient admettre tous les détaillants à l'entrepôt, elle peuvent le faire en supprimant cet article.

peuvent faire, à domicile, dans les magasins, chantiers, caves, celliers des entrepositaires, toutes les vérifications nécessaires pour reconnaître les objets entreposés, constater les quantités restantes, et établir le décompte des droits dus sur celles pour lesquelles il n'est pas représenté de certificat de sortie. Ces droits doivent être acquittés immédiatement par les entrepositaires, et, à défaut, ils est décerné contre eux des contraintes qui sont exécutoires nonobstant opposition et sans y préjudicier.

Art. 5o.

Tout refus de souffrir les visites, vérifications et exercices des Préposés de l'Octroi sera constaté par procès-verbal. Les prétextes d'absence seront réputés refus formel. Les Préposés, après avoir déclaré procès-verbal, pourront requérir l'assistance d'un Officier de police, faire ouvrir en sa présence les caves, celliers ou magasins, et procéder aux vérifications prescrites par les articles précédents.

Art. 5i.

La durée de l'entrepôt est illimitée.

CHAPITRE III

Contentieux.

Art. 52.

Toutes contraventions aux dispositions du présent Règlement seront constatées par des procès-verbaux, lesquels seront dressés à la requête du Maire. Ils pourront être rédigés par un seul Préposé.

Art. 53.

Ils énonceront la date du jour où ils seront rédigés, la nature de la contravention, et, en cas de saisie, la déclaration qui en aura été faite au prévenu ; les noms, qualité et résidence de l'Employé verbalisant et de la personne chargée des poursuites ; l'espèce, le poids ou la mesure des objets saisis ; leur évaluation approximative ; la présence de la partie à leur description, ou la sommation qui lui aura été faite d'y assister ; le nom, la qualité et l'acceptation du gardien, le lieu de la rédaction du procès-verbal et l'heure de la clôture.

Art. 54.

Dans le cas où le motif de la saisie porterait sur le faux ou l'altération des expéditions, le procès-verbal énoncera le genre de faux, les altérations ou surcharges. Lesdites expéditions, signées et paraphées, resteront annexées au procès-verbal, qui contiendra la sommation faite à la partie de les parapher et sa réponse.

Art. 55.

La saisie et la confiscation s'étendront aux futailles, caisses, enveloppes, papiers et sacs renfermant les objets en fraude ou en contravention.

Art. 56.

Les objets saisis seront déposés au bureau le plus voisin. Ils pourront néanmoins, s'il y a lieu, être mis en fourrière.

Art. 57.

Si la partie saisie ne s'est pas présentée dans les dix jours, à l'effet de payer ou consigner l'amende encourue, ou si elle n'a pas formé, dans le même délai, opposition à la vente, cette vente sera faite par le Receveur, cinq jours après l'opposition, à la porte de la Mairie et autres lieux accoutumés, d'une affiche signée de lui, et sans aucune autre formalité.

Art. 58.

Néanmoins, si la vente des objets saisis est retardée, l'opposition pourra être formée jusqu'au jour indiqué pour ladite vente. L'opposition sera motivée et contiendra assignation à jour fixe devant le Tribunal correctionnel, avec élection de domicile dans le lieu où siège le Tribunal. Le délai de l'assignation ne pourra excéder trois jours.

Art. 59.

Dans le cas où les objets saisis seraient sujets à dépérissement, la vente pourra être autorisée, avant l'échéance des délais ci-dessus fixés, par une simple ordonnance du Juge de paix, sur requête.

Art. 60.

L'action résultant des procès-verbaux en matière d'octroi, et les questions qui pourront naître de la défense du prévenu, seront de la compétence exclusive du Tribunal correctionnel.

Art. 61.

En cas de nullité du procès-verbal, et si la contravention se trouve suffisamment établie par d'autres preuves ou par l'instruction, la confiscation des objets saisis ne sera pas moins encourue.

Art. 62.

Le Maire sera autorisé, sauf l'approbation du Préfet, à faire remise, par voie de transaction, de la totalité ou de partie des condamnations encourues, même après le jugement rendu.

Art. 63.

Toutes les fois que la saisie aura été opérée dans l'intérêt commun des droits d'Octroi et des droits imposés au profit du Trésor, le procès-verbal devra être rédigé à la requête du Directeur des Contributions indirectes. A cet employé supérieur appartiendra aussi, dans ce cas, le droit d'intenter les poursuites et de transiger d'après les règles propres à son administration.

Art. 64.

Le produit des amendes et confiscations pour contraventions au Règlement de l'Octroi, déduction faite des frais et prélèvements autorisés, sera attribué, moitié aux Employés de l'Octroi, pour être répartie d'après le mode qui sera arrêté, et moitié à la commune.

Art. 65.

S'il s'élève une contestation sur l'application du Tarif ou sur la quotité du droit réclamé, le porteur ou conducteur sera tenu de consigner, avant tout, le droit exigé entre les mains du Receveur ; faute de quoi il ne pourra passer outre ni introduire l'objet qui aura donné lieu à la contestation, sauf à lui à se pourvoir devant le Juge de paix du canton. Il ne pourra être entendu qu'en représentant la quittance de ladite consignation au Juge de paix, lequel prononcera sommairement et sans frais, soit en dernier ressort, lorsque la somme demandée ne s'élèvera pas au-dessus de 100 francs, soit à la charge d'appel pour les autres affaires.

Art. 66.

Les contraintes pour les recouvrements des droits d'Octroi seront décernées par le Receveur, visées par le Maire, et rendues exécutoires par le Juge de paix.

Les oppositions auxdites contraintes seront instruites et jugées conformément aux dispositions prescrites par l'article précédent, et la partie opposante sera également tenue de justifier, avant d'être entendue, de la consignation entre les mains du Receveur du montant de la somme contestée.

Art. 67.

Toute personne qui s'opposera à l'exercice des fonctions des Préposés de l'Octroi sera condamnée à une amende de 50 francs, indépendamment de la confiscation des objets saisis, lorsqu'il y aura lieu, et d'une amende de 100 à 200 francs prononcée pour le cas de fraude.

En cas de voies de fait, il en sera dressé procès-verbal, qui sera envoyé au Procureur de la République pour en poursuivre les auteurs, et leur infliger les peines portées par le Code pénal contre ceux qui s'opposent avec violence à l'exercice des fonctions publiques.

Art. 68.

Les propriétaires de tous objets compris au Tarif sont responsables du fait de leurs facteurs, agents et domestiques, en ce qui concerne les droits, confiscations, amendes et dépens, lorsque la contravention aura été commise dans les fonctions auxquelles ils auront été employés par leurs maîtres, conformément à l'article 1384 du Code civil.

Les pères, mères ou tuteurs seront garants des faits de leurs enfants ou pupilles mineurs non émancipés et demeurant chez eux.

Seront également responsables les propriétaires ou principaux locataires, relativement à la fraude qui se commettrait dans leurs maisons, clos, jardins et autres lieux par eux personnellement occupés, s'ils sont convaincus de l'avoir favorisée ou d'y avoir participé.

CHAPITRE IV

Personnel.

Art. 69.

Quel que soit le mode de perception, toutes personnes dirigeant l'Octroi seront tenues de permettre le concours des Employés des Contributions indirectes dans tous les cas où il doit avoir lieu, de leur laisser faire les vérifications et opérations relatives à leur service, et de leur donner communication de tous états, bordereaux et renseignements dont ils auront besoin.

Art. 70.

Les Préposés de l'Octroi seront tenus, sous peine de destitution, d'exiger de tout conducteur d'objets soumis aux Contributions indirectes la représentation des congés, passavants, acquits-à-caution, lettres de voitures et autres expéditions ; de vérifier les chargements ; de rapporter procès-verbal des fraudes ou contraventions qu'ils découvriront ; de concourir au service des Contributions indi-rectes toutes les fois qu'ils en seront requis, sans toutefois pouvoir être déplacés de leur service ordinaire ; enfin, de remettre chaque jour à l'Employé supérieur des Contributions indirectes un relevé des objets soumis aux droits du Trésor qui auront été introduits.

Les Employés des Contributions indirectes concourront également à la surveillance du service de l'Octroi, et rapporteront procès-verbal pour les fraudes et contraventions relatives aux droits d'Octroi qu'ils découvriront.

ART. 71.

Les Préposés de l'Octroi se serviront, pour constater le volume et le degré des liquides, des instruments dont les Employés des Contributions indirectes font usage.

ART. 72.

Les Préposés de l'Octroi devront toujours être porteurs de leur commission et seront tenus de la représenter lors-qu'ils en seront requis.

ART. 73.

Le port d'armes est accordé aux Préposés de l'Octroi dans l'exercice de leurs fonctions. Ceux qui abuseraient de cette faculté seront destitués, sans préjudice des pour-suites judiciaires auxquelles ils auront donné lieu.

Art. 74.

Les Préposés de l'Octroi ne pourront ni faire le commerce des objets tarifés, ni s'intéresser à ce commerce, soit comme associés, soit comme bailleurs de fonds ou commanditaires.

Tout Préposé qui favorisera la fraude, soit en recevant des présents, soit de toute autre manière, sera mis en jugement et condamné aux peines portées par le Code pénal contre les fonctionnaires publics prévaricateurs.

Art. 75.

Les préposés de l'Octroi qui seraient signalés comme remplissant mal leurs fonctions, ou comme ayant donné lieu à des plaintes graves, pourront être suspendus par le Préfet ou même révoqués par lui sur la provocation du Directeur général des Contributions indirectes.

Art. 76.

Les Préposés de l'Octroi seront placés sous la protection de l'autorité publique. Il est défendu de les injurier, maltraiter, et même de les troubler dans l'exercice de leurs fonctions, sous les peines de droit. La force armée est tenue de leur prêter secours et assistance toutes les fois qu'elle en sera requise.

Dispositions générales.

ART. 77.

Tous les registres employés à la perception et au service de l'Octroi seront fournis par la Régie des Contributions indirectes ; la dépense lui en sera remboursée par la commune ; les perceptions ou déclarations y seront inscrites sans interruption ni lacune. Les expéditions qui en seront détachées seront marquées du timbre des Contributions indirectes, dont le prix, fixé par la loi, sera acquitté par les redevables, et le montant versé dans les caisses de cette Administration, aux époques et de la manière qu'elle indiquera.

ART. 78.

Les registres servant à la perception des droits d'entrée sur les vins, cidres, poirés, hydromels, esprits et liqueurs, aux déclarations de passe-debout, de transit, d'entrepôt et de sortie pour les mêmes boissons et liquides ; ceux qui sont employés pour recevoir les déclarations de mise de feu de la part des brasseurs et distillateurs ; enfin les registres portatifs tenus pour l'exercice de redevables soumis en même temps aux droits d'Octroi et à ceux dus au Trésor seront communs aux deux services.

ART. 79.

Dans tous les cas non prévus au présent Règlement, on s'en référera aux lois et règlements généraux en vigueur sur les Octrois.

DÉCRET

Le Président de la République Française,

.Sur le rapport du Ministre des Finances ;

Vu les délibérations du Conseil municipal de Saint-Brieuc, en date des 26 juin et 3 juillet 1914, relatives à l'Octroi de cette commune ;

Vu l'avis de la Commission départementale des Côtes-du-Nord, en date du 15 octobre 1914 ;

Vu l'ordonnance du 9 décembre 1814 ;

.Vu le décret du 12 juillet 1912 ;

Vu la loi du 5 avril 1884 ;

Vu le décret du 12 février 1870 et le Tarif général y annexé ;

Vu les observations du Ministre de l'Intérieur ;

Les sections de l'Intérieur et des Finances du Conseil d'Etant entendues ;

Décrète :

Article 1er. — Sont approuvées les délibérations du Conseil municipal de Saint-Brieuc en date des 26 juin et 3 juillet 1914, ayant pour objet la revision et la prorogation jusqu'au 31 décembre 1919 inclusivement, des actes constitutifs de l'Octroi de cette commune, sauf en tant qu'elles comporteraient :

1° La perception, sur les veaux depecés, d'une taxe qui

s'écarterait, par rapport au droit sur les animaux vivants, des règles de proportionnalité tracées par le tarif général ;

2° L'imposition des conserves alimentaires autres que celles qui seraient renfermées dans des récipients hermétiquement clos et scellés, et celle des poissons non marinés ou à l'huile et non renfermés en récipients clos ;

3° La taxation des fruits glacés et celle des métaux entrant dans la construction des machines ou de leurs organes de transmission ;

4° L'adoption d'un périmètre qui ne suivrait pas l'axe des voies, chemins ou cours d'eau dont il emprunte le tracé.

ART. 2. — Le Ministre des Finances est chargé de l'exécution du présent décret qui sera inséré au *Bulletin des Lois*.

Fait à Paris, le 20 décembre 1914.

Signé : POINCARÉ.

Par le Président de la République :
 Le Ministre des Finances,
  Signé : A. RIBOT.

Pour copie conforme :

Le Secrétaire général,

Signé : P. TISSEAU.

DÉCRET

autorisant la perception d'une surtaxe sur l'alcool à l'Octroi de Saint-Brieuc.

———

Le Président de la République Française,

Sur le rapport du Ministre des Finances,

Vu les délibérations du Conseil municipal de Saint-Brieuc (Côtes-du-Nord), en date des 26 juin et 3 juillet 1914 relatives à l'Octroi de cette commune ;

Vu l'ordonnance du 9 décembre 1814 ;

Vu la loi du 28 avril 1816 ;

Vu la loi du 11 juin 1842 ;

Vu la loi du 26 mars 1872 ;

Vu la loi du 19 juillet 1880 ;

Vu la loi du 5 avril 1884 ;

Vu la loi du 29 décembre 1897 ;

Vu la loi du 26 décembre 1914, article 9 ;

Vu les observations du Ministre de l'Intérieur ;

Les sections de l'Intérieur et des Finances du Conseil d'Etat entendues ;

Décrète :

Article 1er. — Est autorisée jusqu'au 31 décembre 1915 inclusivement la prorogation à l'Octroi de Saint-Brieuc (Côtes-du-Nord), d'une surtaxe de 20 francs par hectolitre d'alcool pur contenu dans les eaux-de-vie, esprits, absinthes, liqueurs, fruits à l'eau-de-vie et autres liquides alcooliques non-dénommés. Cette surtaxe est indépendante du droit de 3o francs établi à titre de taxe principale.

ART. 2. — Le produit de ladite surtaxe est spécialement affecté au remboursement des emprunts communaux et au payement des dépenses visées dans la délibération municipale du 3 juillet 1914.

L'Administration municipale sera tenue de justifier au Préfet de l'emploi de cette ressource extraordinaire aux dépenses en vue desquelles elle a été autorisée.

ART. 3. — Le Ministre des Finances est chargé de l'exécution du présent décret qui sera inséré au *Journal officiel* et au *Bulletin des Lois.*

Fait à Paris, le 27 décembre 1914.

Signé : POINCARÉ.

Par le Président de la République :

Le Ministre des Finances,

Signé : A. RIBOT.

TARIF DE L'OCTROI

OBJETS IMPOSÉS	UNITÉS	TAXES	
Boissons et Liquides.			
Vins en cercles et en bouteilles (1)…………	l'hectolitre	1 fr.	15
Cidres, poirés et hydromels (1)	Id.	0	60
Alcool pur contenu dans les eaux-de-vie, absinthes, esprits, liqueurs et fruits à l'eau-de-vie et autres liquides alcooliques non dénommés………………	Id. (1)	50	»
Bières ordinaires en futailles simples ……	Id.	2	40
Bières de luxe en fûts à pression et en bouteilles ……………………	Id.	4	»
Vinaigres………	Id.	3	»
Comestibles.			
Viandes de boucherie sur pied (2) ……… .	les 100 kilogs	4	»
Viandes fraîches ou salées de bœuf, taureau, vache, mouton, agneau, chevreau…… .	Id.	8	»
Viandes de veau	Id.	5	33
Viandes de porc…………………	Id.	5	»
Graisses et saindoux……	le kilog	0	04
Beurres de toute espèce, frais ou fondus, salés ou non……………………	Id.	0	05
Fromages de toute espèce et de toute provenance (3)……………… .	Id.	0	10
Conserves alimentaires autres que celles en vinaigre (4) ……	Id.	0	10
Fruits confits, olives, fruits secs de table t ls que raisins, figues, dattes, pruneaux, amandes, pistaches, ananas, noix, noisettes, etc., fruits confits au sucre exceptés……………	Id.	0	10

(1) Taxe 30 fr. ; surtaxe 20 fr. = 50.

OBSERVATIONS

(1) Pour la perception, la bouteille commune est considérée comme litre, et la demi-bouteille comme demi-litre, en ce qui concerne les vins, cidre, poirés et hydromels (art. 145 de la loi du 28 avril 1816).

Les eaux-de-vie, esprits et liqueurs sont imposables d'après la capacité réelle des bouteilles (art. 9 de la loi du 27 juillet 1870). Il en est de même des bières, vinaigres, limonades et autres liquides (Circ. n° 549 du 1er mars 1889).

Les vermouths, vins de liqueur ou d'imitation ne sont pas assujettis à la taxe afférente aux vins ; ils sont imposés pour leur force alcoolique totale avec un minimum de perception de 16° pour les vermouths et de 15° degrés pour les vins de liqueur ou d'imitation et sont passibles du demi-droit d'octroi jusqu'a 15° et du droit plein au-dessus de 15° (art. 21 de la loi du 1er avril 1898), ainsi que des droits pleins de consommation et d'entrée (art. 14 de la loi du 30 janvier 1907).

Les vins autres que ceux désignés au paragraphe précédent qui présentent une force alcoolique supérieure à 15° sont imposables comme vins et en outre passibles du double droit de consommation d'entrée et d'octroi pour la quantité d'alcool comprise entre 15 et 21°. S'ils tirent plus de 21°, ces vins sont imposés comme alcool pur (art. 3 de la loi du 1er septembre 1871).

Les vendanges et les fruits à cidre ou à poiré seront soumis aux droits, à raison de trois hectolitres de vendange pour deux hectolitres de vin, et de cinq hectolitres de pommes ou poires pour deux hectolitres de cidre ou de poiré.

Les raisins secs à boisson destinés à la fabrication du vin seront imposés à raison de cent kilogrammes de fruits secs pour trois hectolitres de vin,

Les eaux-de-vie ou esprits altérés par un mélange autre que l'un de ceux déterminés par le Comité des Arts et Manufactures, sont soumis au même droit que les eaux-de-vie ou esprits purs.

Les eaux minérales ayant un caractère purement médical ne sont pas imposables.

Les fruits secs destinés à la fabrication du cidre ou du poiré seront imposés à raison de vingt-cinq kilogrammes de fruits pour un hectolitre de cidre ou de poiré.

(2) Les cochons abattus en ville chez des particuliers paieront la taxe de 3 fr. par tête.

(3) Les fromages secs sont seuls imposables.

(4) Sont comprises conserves à l'huile : Sardines, saumons, thons et autres ; conserves dans lesquelles il n'entre pas d'huile : Liebig, poissons, homard, petits pois verts, haricots verts, asperges, artichauts, champignons, choucroute, tomates, légumes dites juliennes, etc. Ne sont pas imposables les conserves alimentaires renfermées dans des récipients non hermétiquement clos et scellés ainsi que les poissons non marinés ou à l'huile non renfermés en récipients clos.

OBJETS IMPOSÉS	UNITÉ	TAXES	OBSERVATIONS
Huîtres fraîches ou marinées...	le kilog	0 fr. 05	
Truffes...	Id.	0 75	
Terrines truffées et pâtés de foie gras.... ..	Id.	0 25	
Oranges, citrons, limons, mandarines..	Id.	0 05	
Conserves au vinaigre.........	Seront imposées à raison de la quantité de vinaigre qu'elles contiendront.		

Gibier, Volaille

OBJETS IMPOSÉS	UNITÉ	TAXES	OBSERVATIONS
Coqs, poules, poulets, pintades, canards domestiques et canards sauvages, lapins domestiques et de garenne.....	la pièce	0 fr. 10	
Oies.........	Id.	0 10	
Dindes et faisans..................... . .	Id.	0 25	
Perdrix, bécasses, pigeons ramiers, poules d'eau, sarcelles et autre gibier d'eau.......	Id.	0 08	
Pigeons domestiques....................	Id.	0 05	
Lièvres et levrauts...........	Id.	0 20	
Chevreuils, sangliers, cerfs............. ...	Id	4 »	
Id.	le kilog	0 10	
Bécassines, cailles, pluviers, plongeons, râles de genêts, vanneaux et autres petits oiseaux.	la pièce	0 025	

Combustibles

OBJETS IMPOSÉS	UNITÉ	TAXES	OBSERVATIONS
Bois à brûler { dur....	le stère	1 »	
{ tendre	Id.	0 80	
Fagots....	le cent	1 »	
Bourrées...	Id.	0 20	
Charbon de bois....................	les 100 kilos	1 »	

OBJETS IMPOSÉS	UNITÉ	TAXES		OBSERVATIONS
Charbon de terre et coke (5)	les 100 kilos	0 fr 30		(5) Le coke fabriqué à l'intérieur avec du charbon qui a acquitté les droits, est exempt de la taxe.
Bougies	le kilo	0 15		
Cierges	Id.	0 15		
Chandelles, suifs	Id.	0 05		
Cires, stéarines, spermacéti, etc.	Id.	0 07		
Huiles minérales	Id.	0 0275		
Fourrages				
Foins et fourrages secs (6)	les 1,000 kil.	5 »		(6) Les fourrages secs sont seuls imposés.
Pailles de toute espèce	Id.	3 50		
Matériaux				
Bois d'œuvre façonné ou non } dur	le stère	4 »		
Bois d'œuvre façonné ou non } tendre	Id.	3 »		
Bois en grume } dur	Id.	3 »		
Bois en grume } tendre	Id.	2 25		
Lattes	le mille	0 50		
Chaux	l'hectolitre	0 30		
Plâtres	les 100 kilos	0 40		
Ciments (7)	Id.	0 90		(7) Les tuyaux de ciment seront imposés comme ciment à raison de 40 °/. de leur poids.
Ardoises au-dessous de 18 × 25 (8)	le mille	1 »		(8) Les ardoises en fibro-ciment seront imposées à raison de 0 fr. 08 le mètre carré.
Ardoises au-dessus de 18 × 25	Id.	2 »		(9) Les tuyaux de grès dont le diamètre intérieur est supérieur à 0ᵐ 15 seront taxés à raison de 0 fr. 50 les 100 kilogrammes.
Tuiles, carreaux, tuyaux de poterie, grès (9)	Id.	2 »		

OBJETS IMPOSÉS	UNITÉS	TAXES
Briques.	le mille	1 fr. 50
Pierre de taille de toute espèce (10).	le mètre cube	2 »
Tuffeaux.	Id.	2 »
Marbres bruts.	Id.	5 »
Marbres et granits polis (11).	Id.	6 60
Fers, aciers, fers aciérés, fonte, zinc, tôle, cuivres, plombs pour constructions, bruts ou façonnés (12).	les 100 kilogs	2 »
Verres à vitre.	Id.	1 50
Glaces destinées à la construction immobilière.	Id.	6 »

Objets divers

OBJETS IMPOSÉS	UNITÉS	TAXES
Essences et vernis autres que ceux à l'alcool.	le kilog	0 05
Savons de parfumerie.	les 100 kilogs	18 »
Peintures de toute espèce, blancs de céruse, de zinc et autres couleurs de toute nature, en poudre, en pierres, en pâtes ou broyées, mastics.	Id.	4 »

OBSERVATIONS

(10) Les pierres dites quartiers ne sont pas imposées

(11) Les marbres faisant partie des meubles ne sont pas imposables pas plus que les meubles eux-mêmes.

(12) Les fers destinés aux constructions immobilières sont seuls imposables. Ne sont pas imposables les métaux entrant dans la constructon des machines ou de leurs organes de transmission.

Le présent aura son exécution à partir du 1er janvier 1915.

Saint-Brieuc, le 31 décembre 1914.

Le Maire,

H. SERVAIN.